Tier-Mandalas für Grundschulkinder

M.C. Winter

71 konzentrationsfördende
Mandalas für Grundschulinder

Über die Autorin

M.C. Winter schreibt und lebt im Großraum Frankfurt/Main. Wenn sie nicht New Adult-Romane im Self-Publishing schreibt, ist sie hauptberuflich Grundschullehrerin. Kontakt hält sie mit ihren Leser*innen über Social Media.

instagram.com/emciwinter
facebook.com/schattenspringen

Weitere (New Adult) Bücher der Autorin:

Schattenspringen-Reihe
– Schattenspringen Bd 1 (2015)
– Blutsbrüder Bd 2 (2016)
– Lichtläufer Bd 3 (2018)
– Goldstaub Bd 4 (2021)

Schattenspringen-Spin-Off
– About storms and drowning (2023)

Website: http://www.instagram.com/emciwinter

Bibliografische Information der Deutschen Nationalbibliothek:
Die Deutsche Nationalbibliothek verzeichnet diese Publikation in
der Deutschen Nationalbibliografie; detaillierte bibliografische
Daten sind im Internet über http://dnb.dnb.de abrufbar.

© 2024 M.C. Winter
http://www.facebook.com/Schattenspringen
1. Auflage

Verlag: BoD · Books on Demand GmbH,
In de Tarpen 42, 22848 Norderstedt
Druck: Libri Plureos GmbH, Friedensallee 273,
22763 Hamburg
Grafiken: Canva.com
ISBN: 978-3-7693-0536-4

Schmetterlinge existieren seit mindestens 135 Millionen Jahren. Die Schmetterlingen entstanden zur Zeit der Dinosaurier, die sie jedoch um viele Jahrtausende überlebt haben.

Der männliche Pfau
hat bis zu
200
in seinem
prächtigen Schwanz.

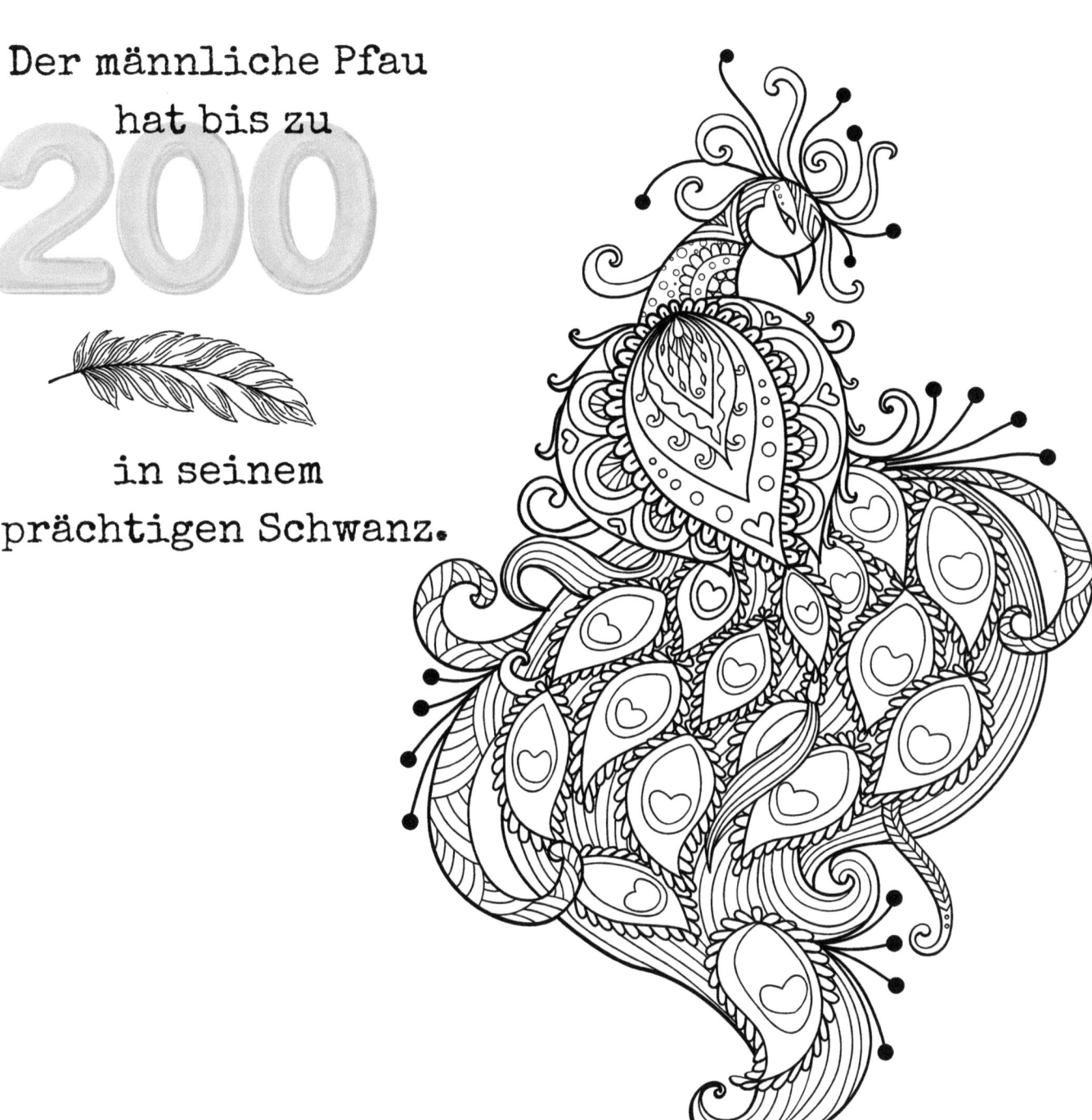

Der älteste Zwergspitz wurde 21 Jahre alt.

Katzen schlafen bis zu 16 Stunden am Tag.

Ein Hahn hat die unterschiedlichsten Sprachkenntnisse! In Frankreich ruft er fröhlich „cocorico", während er in Litauen mit „kakarieku" auftrumpft. Und der russische Hahn? Der kräht mit einem stolzen „kukkareku". Wie sprachbegabt ist der Hahn denn?

Menschen, die im Monat Mai geboren sind, sind von Sternzeichen Stier (21.04. - 21.05.)

Ich bin stolz auf das, was ich
schon alles geschafft habe.

Der Mäusebussard ist 51 bis 57
Zentimeter lang und hat 113 bis
128 Zentimeter Flügelspannweite.

Rehe und Hirsche sind
zwei verschiedene
Tierarten.

Wusstest du, dass es über 280 verschiedene Hörnchen-Arten
auf diesem Planeten gibt?
Die meisten kleinen Nuss-Junkies wohnen in Amerika! In
Europa und speziell in Deutschland hat jedoch nur ein
einziger Vertreter das Sagen: das flinke Europäische
Eichhörnchen!

In einer Nacht legen Schnecken etwa
25 Meter Strecke zurück.

Wusstest du, dass der Dackel auch Dachshund genannt wird?
Ursprünglich wurde der Dackel nämlich im 15. Jahrhundert
für die Dachsjagd gezüchtet. Daher kommt der Name.

Der Fuchs gehört zur Familie der Hunde, kann seine
Krallen aber ein- und ausfahren wie eine Katze.

Ich bin wichtig.

Der Truthahn ist ein verspielter Hühnervogel. Manche Truthähne kann man dabei beobachten, wie sie zu ihrer Lieblingsmusik singen.

Große Ideen beginnen meist klein.
Ich bleibe dran.

Der Schnabel des Tukan kann bis zu 20 cm lang und viermal größer als sein Kopf sein. Er wirkt schwer und unpraktisch, ist jedoch leicht, weil er hohl ist.

Lamas und Alpakas spucken eigentlich nur auf Artgenossen, um die Rangordnung zu klären. Menschen werden nur angespuckt, wenn sie sich bedroht fühlen.

Wir sind alle unterschiedlich
und das ist auch gut so.

Das laute Gebrüll des Löwen kann man etwa acht Kilometer weit hören.

Aras sind die größten Papageien der Welt.
Sie können bis zu 100 Jahre alt werden. Sie
sind lebenslang ineinander verliebt, können
die menschliche Sprache nachmachen und
sind in Gruppen sehr laut.

Libellen sind wendiger
als ein Hubschrauber.

Sie legen Eier im Wasser
ab; Larven schlüpfen und
leben dort bis zu sechs
Jahre.

Das gefährlichste Tier Afrikas ist nicht der <u>Löwe</u> oder der <u>Elefant</u>, es ist das Flusspferd. Bei keinem anderen Tier kommen so viele Menschen zu Schaden.

Giraffen sind das höchste Tier der Welt. Sie werden bis zu 6 Metern hoch.

Wissenschaftler haben herausgefunden, dass die schwarz-weißen Streifen der Zebras wie ein unsichtbarer Insekten-Schutzschild wirken.

Erdmännchen haben dunkle Augenringe, die wie natürliche Sonnenbrillen wirken und sie vor grellem Licht schützen.

Male dem Erdmännchen eine schöne Sonnenbrille!

Kamele sind faszinierende Tiere. Die Höcker auf ihrem Rücken sind die Kraftreserven der Kamele. Hier speichern die Tiere Fett, das ihnen nicht nur Energie gibt, sondern sie auch vor Hitze und Kälte schützt. Trinken Kamele lange Zeit nichts, zehren sie von ihrem Fettvorrat in ihren Höckern.

Fehler sind Helfer und begleiten mich beim Lernen.

Die Welt braucht mich
genau so, wie ich bin.

SOLLTEST DU STREIT WIE DIE

Kängurus klären?

- ☐ Ja klaro
- ☐ Auf keinen Fall
- ☐ Bin mir nicht sicher

Man sagt, Kängurus sind gute Boxer. Tatsächlich boxen Kängurus, um ihre Rangordnung zu klären und Konflikte innerhalb ihrer sozialen Gruppe zu lösen, indem sie sich lieber schubsen als direkt schlagen.

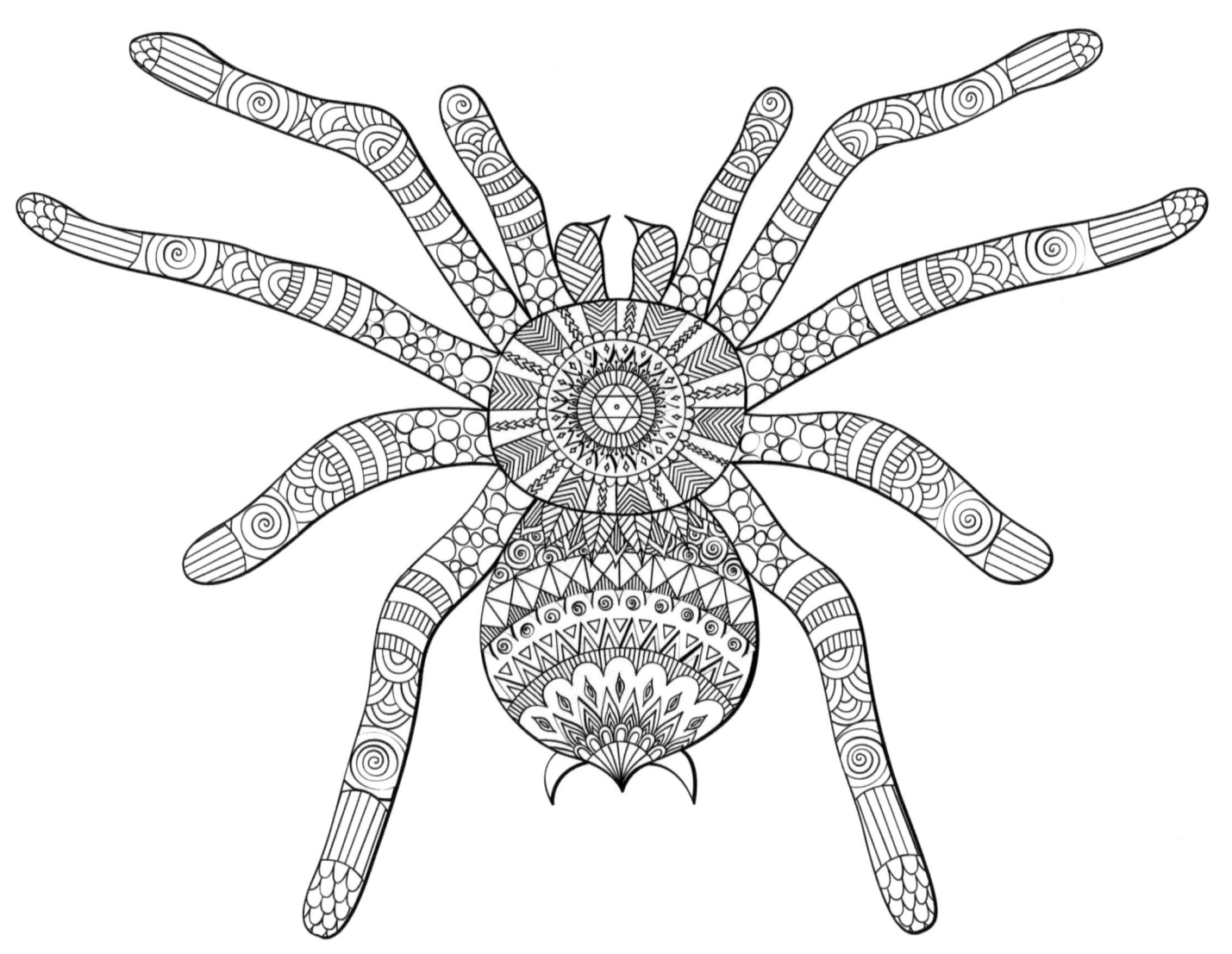

Der Strauß ist der größte und schwerste Vogel der Welt. Er wird bis zu 160 Kilogramm schwer.

Chamäleons können nicht nur die Farbe ändern. Sie können auch ihre Augen unabhängig voneinander bewegen .

Die Königskobra ist mit bis zu fünf Metern die größte Giftschlange, nicht die giftigste. Bei Gefahr kann sie ein Drittel ihres Körpers aufrichten, um besser zu sehen.

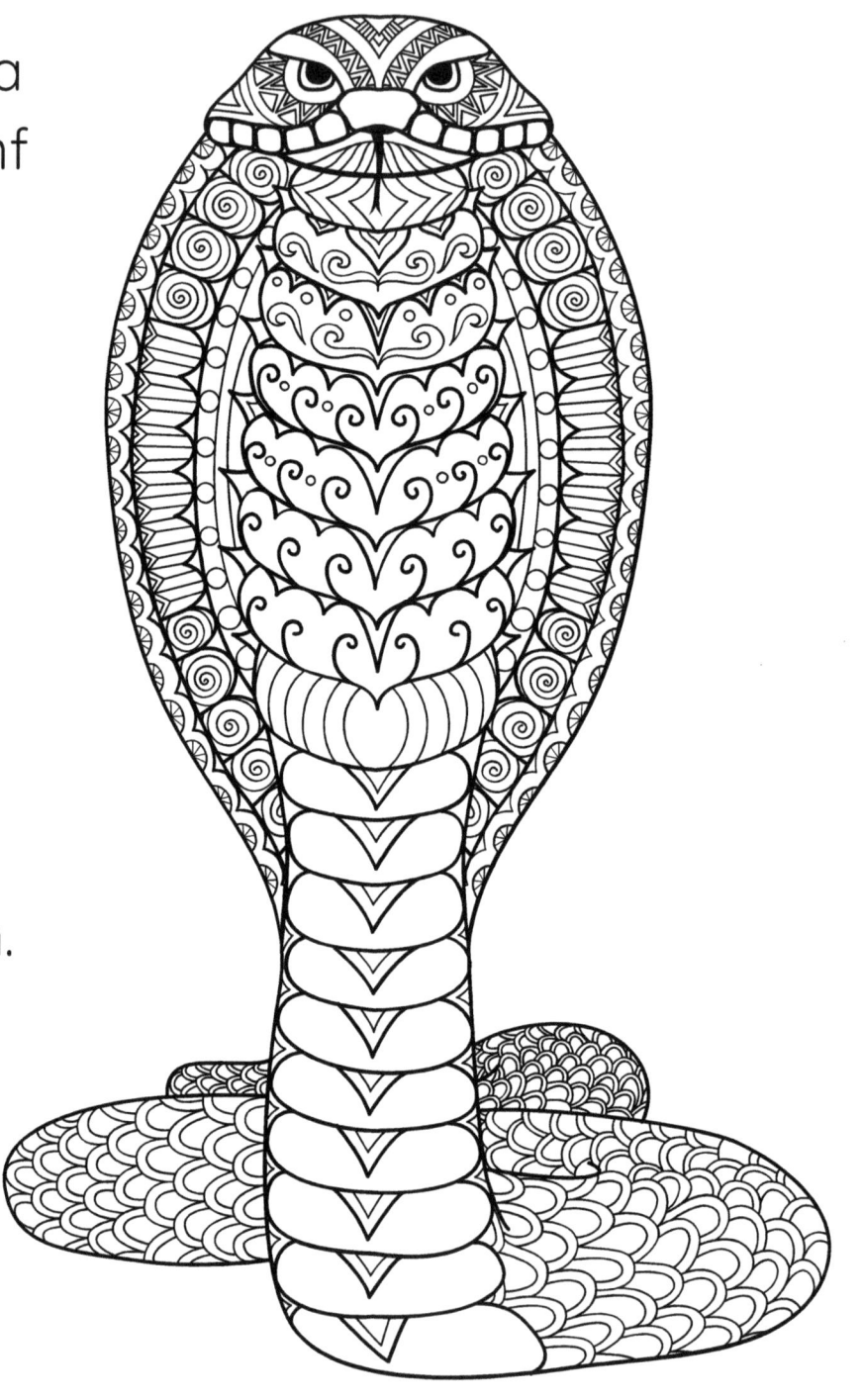

Ich bin einzigartig.

Der Rotfeuerfisch ernährt sich von kleinen Fischen, Krebstieren und
Weichtieren, die er mit seinem großen Maul einsaugt.
Er jagt nachts und versteckt sich tagsüber in Höhlen oder Korallenriffen.
Außerdem ist er giftig.

Der Weißspitzen-Riffhai ist ein relativ kleiner Hai, der nur selten eine Körperlänge von 1,60 Meter überschreitet.

10.000 km – so viel hat ein Buckelwal-
Weibchen auf einer ihrer Wanderungen
zurückgelegt. Das entspricht der Strecke
von Deutschland bis nach Asien.

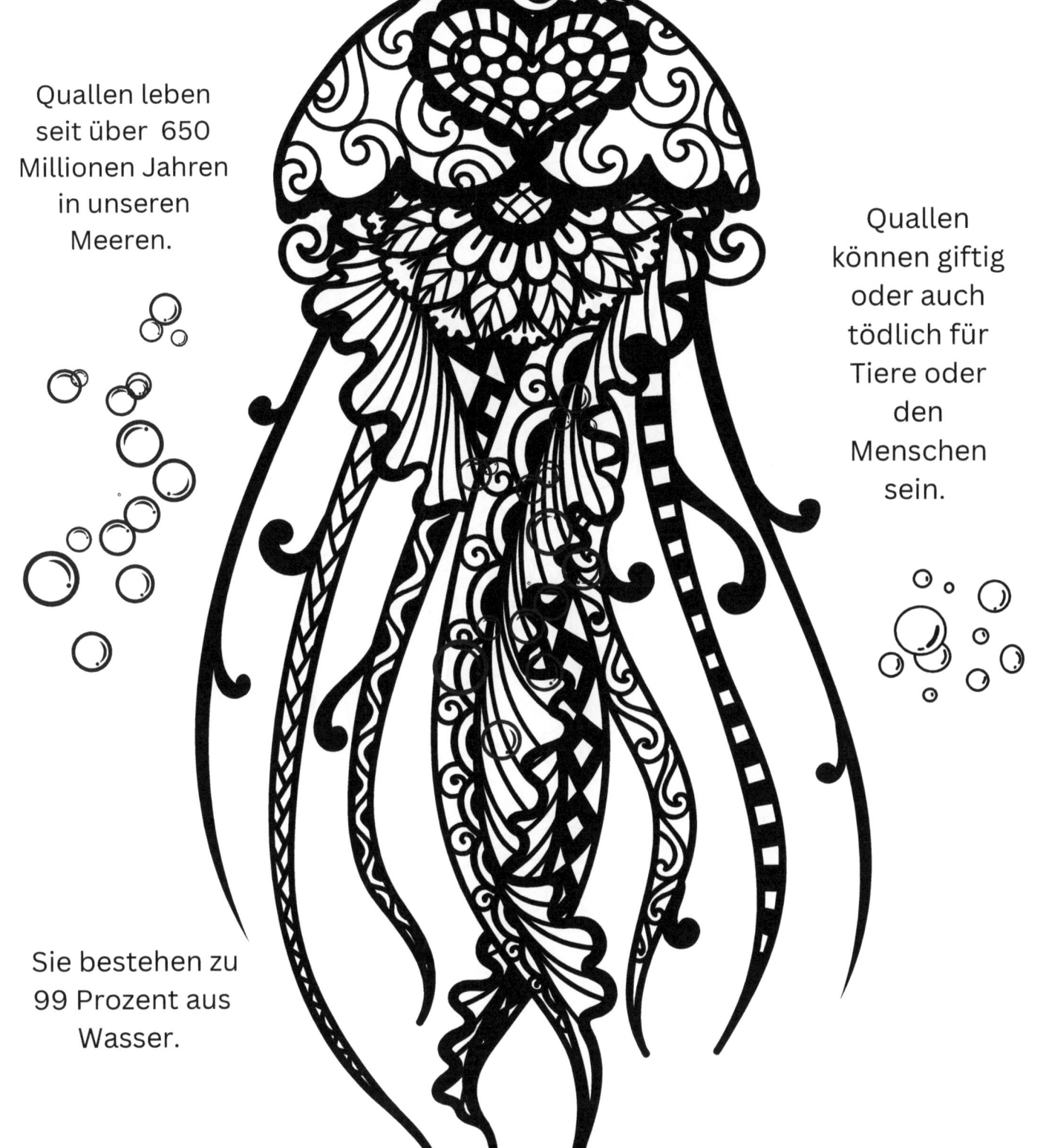

Quallen leben seit über 650 Millionen Jahren in unseren Meeren.

Quallen können giftig oder auch tödlich für Tiere oder den Menschen sein.

Sie bestehen zu 99 Prozent aus Wasser.

Tiefsee-Anglerfische leben
am Meeresboden. Sie
leben in Tiefen bis zu
4000m.

Meine Bedürfnisse und
Gefühle sind wichtig.

Ich bin willkommen.

Der Panda frisst bis zu 18 Kilo Bambus täglich. Bambus hat wenig Energie, darum will sich der Panda auch nicht viel bewegen. Weil er so viel frisst, muss er auch viel auf die Toilette. Seine Haufen wiegen etwa 10 Kilogramm am Tag.

Der Phönix ist ein Vogel aus der Mythologie. Leider gibt es ihn nicht wirklich. Man sagt, am Ende seines Lebens verbrennt er und schlüpft aus seiner Asche wieder neu.

Ich übe fleißig und werde das schaffen.

Ich bin mutig und nehme die Herausforderung an.

Ich bin gut, so wie ich bin.

Warum Mandalas?

Mandalas sind im ursprünglichen Sinne Bilder aus geometrischen Formen, die sich um einen Mittelpunkt konzentrieren. Sie haben ihren Ursprung im Hinduismus und Buddhismus und dort u.a. auch eine religöse Bedeutung. So werden sie auch zum Meditieren verwendet.

In unserer westlichen Kultur werden Mandalas hauptsächlich zu Entspannungszwecken genutzt. Das konzentrierte Ausmalen der Bilder hat einen erwiesenen positiven Einfluss auf unseren Körper und Geist. Es fördert die Kreativität und Konzentration, wirkt beruhigend und kann so beim beim Stressabbau helfen.

Warum wirken Mandalas entspannend?

Beim Ausmalen konzentrieren wir uns ausschließlich auf die Tätigkeit des Ausmalens. Es besteht kein Druck, etwas Schönes malen zu müssen. Es geht lediglich darum, die vorgegebenen Felder nach Belieben auszumalen. Während des Ausmal-Prozesses können wir der Hektik des Alltags entfliehen, weil wir dabei nicht mit Reizen überflutet werden. Gerade Kinder sind durch die zunehmende Mediennutzung heute immer wieder Reizüberflutungen ausgesetzt, die das kindliche Gehirn noch nicht verarbeiten kann. Die Konzentration auf eine Tätigkeit hat eine beruhigende Wirkung auf unseren Gedankenfluss. Das hilft besonders beim Abschalten und Entspannen. Die sich immer wieder wiederholenden Muster und Formen tragen ebenfalls zur Entspannung bei.